Biblia fácil de leer

Practica tu lectura y
aprende de la Biblia

Easy to Read Bible

Practice your reading
and learn the Bible

**Tu palabra es una lámpara a mis pies:
es una luz en mi sendero.**

*Salmos 119:105
Nueva Versión Internacional (NVI)*

**Your word is like a lamp that guides my steps,
a light that shows the path I should take.**

*Psalms 119:105
Easy-to-Read Version (ERV)*

GRUPO
NELSON

Contenido
Contents

Dios hizo todo

Dios hizo todo lo que conocemos.
Él hizo el sol y la luna.
Hizo los árboles y el agua.
Hizo los animales.

Everything is Made by God

Everything we know was made by God.
He made the sun and the moon.
He made trees and water.
He made the animals.

Algunos animales viven en el mar.
Algunos animales viven en la tierra.
Algunos animales pueden volar.
Dios también hizo a las personas.
Nos hizo como hombres y mujeres.
Dios hizo todas las cosas. Dijo que
todo era muy bueno.

Génesis 1—2

Some animals live in the sea.
Some animals live on the land.
Some animals can fly.
God also made people.
He made us as men and women.
God made everything. He said it
was all very good.

Genesis 1—2

9

Seguro en el arca de Noé

Pasaron muchos años. La gente que vivía en la tierra se estaba volviendo mala. Eso puso muy triste a Dios. Había solo un hombre bueno. Se llamaba Noé. Noé se quedó cerca de Dios.

Dios quiso deshacerse de todas las personas malas. Pero quiso tener a Noé a salvo.

Dios le dijo a Noé que construyera un barco grande, llamado arca.

Safe in Noah's Ark

Many years went by. People on earth were getting evil. That made God very sad. Only one man was good. His name was Noah. Noah stayed close to God. God wanted to get rid of all the evil people. But He wanted to keep Noah safe. He told Noah to build a big boat, called an ark.

Noé construyó el arca como Dios le había indicado. Noé y su familia subieron al arca con toda clase de animales. El barco los mantendría secos y a salvo. Entonces, Dios envió un diluvio para limpiar todo lo malo.

Noah built the ark like God told him. Noah and his family and all kinds of animals went inside the ark. The boat would keep them all dry and safe. God then sent a flood to wash away all the evil.

La familia de Noé y los animales estuvieron dentro del arca por muchos días y muchas noches.
Un día, ya no había más agua.
Por fin podían salir del arca.
Dios hizo un gran arcoíris para decir:
«Nunca más enviaré un diluvio sobre el mundo».

Génesis 6:1—9:17

Noah's family and the animals were inside the ark for many days and nights.
One day, the water was gone.
They could finally come out of the ark.
God made a big rainbow to say,
"I will never flood the world again."

Genesis 6:1—9:17

El pueblo especial de Dios

Un hombre llamado Abraham y su esposa Sara no tenían ningún hijo. Ellos eran ancianos, así que ya era demasiado tarde para tener hijos. Dios le prometió a Abraham un hijo. Dios siempre cumple sus promesas.

God's Special People

A man named Abraham and his wife Sarah had no children. They were old, so it was too late to have kids.
God promised Abraham a son. God always keeps His promises.

Abraham y Sara tuvieron un bebé y lo llamaron Isaac. Cuando Isaac creció, tuvo mellizos y los llamó Jacob y Esaú. Jacob tuvo una gran familia con muchos hijos. Dios eligió a la familia de Abraham, Isaac y Jacob para que fuera su pueblo especial. Esta familia se convertiría en los israelitas.

Génesis 15—21

Abraham and Sarah had a boy named Isaac. When Isaac grew up, he had twins named Jacob and Esau. Jacob had a big family with lots of kids.
God chose Abraham, Isaac, and Jacob's family to be His special people. This family would become the Israelites.

Genesis 15—21

Dios usa a José

Jacob tuvo muchos hijos.
De todos sus hijos, José era su preferido. Sus
hermanos no lo querían por eso.

God Uses Joseph

Jacob had many kids.
Of all his children, Joseph was his favorite. The
other boys did not like Joseph because of that.

Un día, los hermanos de José lo empujaron a un pozo profundo y vacío.
Al rato, unos hombres pasaron cerca del pozo. Los hermanos de José lo vendieron a estos hombres como esclavo.
Los hombres se llevaron a José a Egipto, un país muy lejano.

One day, Joseph's brothers pushed him into a deep, empty well.
Then some men came past the well. Joseph's brothers sold him to the men as a slave.
The men took Joseph with them to Egypt, a country far away.

En Egipto, José tuvo que trabajar para un hombre llamado Potifar.
A Potifar le agradaba José. Lo puso a cargo de más y más cosas en su casa.
Todo parecía ir bien para José.

In Egypt, Joseph had to work for a man named Potiphar.
Potiphar liked Joseph. He put Joseph in charge of more and more things in his house.
Things looked good for Joseph.

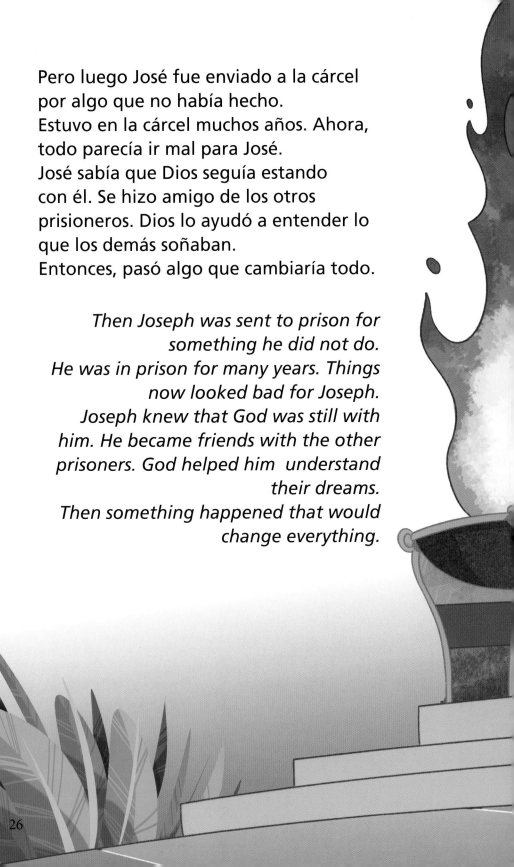

Pero luego José fue enviado a la cárcel
por algo que no había hecho.
Estuvo en la cárcel muchos años. Ahora,
todo parecía ir mal para José.
José sabía que Dios seguía estando
con él. Se hizo amigo de los otros
prisioneros. Dios lo ayudó a entender lo
que los demás soñaban.
Entonces, pasó algo que cambiaría todo.

*Then Joseph was sent to prison for
something he did not do.
He was in prison for many years. Things
now looked bad for Joseph.
Joseph knew that God was still with
him. He became friends with the other
prisoners. God helped him understand
their dreams.
Then something happened that would
change everything.*

El rey se enteró de la habilidad de José. Lo sacó de la cárcel para que pudiera decirle qué significaba lo que había soñado.
Dios ayudó a José a descubrirlo. El rey se quedó impresionado. Ahora quería que José lo ayudara todo el tiempo.

The king heard about Joseph's skills. The king let Joseph out of prison so he could tell the king what his dreams meant.
God helped Joseph figure it out. The king was impressed. He now wanted Joseph to help him all the time.

José se transformó en el ayudante principal del rey. Durante siete años no hubo mucho alimento en Egipto. La gente no tenía nada para comer. Pero José había guardado comida para el rey. Él pudo ahora ayudar a los demás a conseguir comida.
La familia de José tampoco tenía nada para comer. Así que fueron a Egipto a comprar alimentos.

Joseph became the king's number one helper. For seven years there was not much food in Egypt. The people had nothing to eat. Joseph had saved food for the king. He could now help people get food. Joseph's family had nothing to eat either. They went to Egypt to buy food.

Cuando José se volvió a encontrar con sus
hermanos, se puso a llorar.
Los perdonó por venderlo como esclavo. Además,
les dio mucha comida.
Se sentía feliz de volver a estar con su familia.

Génesis 37—47

When Joseph met his brothers again, there were
tears in his eyes.
He forgave them for selling him as a slave. He also
gave them plenty of food.
He was happy to be with his family again.

Genesis 37—47

Moisés guía al pueblo de Dios

Moisés era israelita. Como lo había adoptado la princesa, se había convertido en un príncipe de Egipto.

Los israelitas que estaban en Egipto ahora eran esclavos. Un día, Moisés vio cómo un soldado golpeaba a un israelita.

Moisés se enojó y mató al soldado.

Moisés se asustó y huyó.

Moses Leads God's People

Moses was an Israelite. He had been adopted by the princess, making him a prince in Egypt. The Israelites in Egypt were now slaves. One day, Moses saw a soldier hit an Israelite. Moses got angry and killed the soldier. Moses became afraid and ran away.

35

Durante muchos años, Moisés vivió en una tierra muy lejos de Egipto. Él se casó y tuvo hijos.

He lived in a land far away from Egypt for many years. He got married and had kids.

Un día, Moisés vio un arbusto en llamas.
Escuchó una voz que decía: «Moisés, libera a mi
pueblo». Era Dios que le estaba hablando.
Dios quería que Moisés volviera a Egipto y
hablara con el rey.

*One day Moses saw a bush on fire.
He heard a voice saying, "Moses, free my
people." It was God speaking to Moses.
God wanted Moses to go back to Egypt and
talk with the king.*

Moisés fue a ver al rey y le dijo que liberara a los israelitas. El rey de Egipto no quiso liberar a sus esclavos. Entonces, Dios envió diez plagas para castigar a Egipto. Al final, el rey cambió de opinión.

«¡Váyanse!», les dijo.

Moses went to the king and told him to free the Israelites. The king of Egypt did not want to free his slaves. God sent 10 plagues to punish Egypt. In the end, the king changed his mind. "Go!" he said.

41

Pero mientras los israelitas se iban, el rey volvió
a cambiar de opinión.
Él envió a su ejército a perseguir a los israelitas.
Quería recuperar a sus esclavos.

But when the Israelites were leaving, the king
changed his mind again.
He sent his army after the Israelites.
He wanted to get his slaves back.

Cuando los israelitas miraron hacia atrás y
vieron que venían los soldados, tuvieron miedo.
Estaban frente a un gran mar, así que no
podían escaparse a tiempo.
Los atraparían.
Entonces, oraron a Dios pidiéndole ayuda.

When the Israelites looked back and saw the soldiers coming, they were afraid. There was a big sea in front of them, so they could not get away in time. They would get caught. They prayed to God for help.

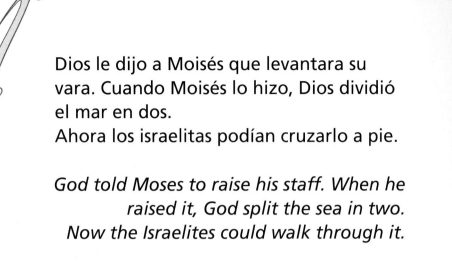

Dios le dijo a Moisés que levantara su vara. Cuando Moisés lo hizo, Dios dividió el mar en dos.
Ahora los israelitas podían cruzarlo a pie.

God told Moses to raise his staff. When he raised it, God split the sea in two.
Now the Israelites could walk through it.

Cuando todos los israelitas
estuvieron seguros al otro lado del
mar, Dios cerró el camino.
El ejército de Egipto ya no podía
atrapar a los israelitas.
Así fue como Dios salvó a los
israelitas de Egipto.

Éxodo 2—14

*When all the Israelites were safe on the
other side of the sea, God closed the path.
The army of Egypt could not get to the
Israelites now.
This was how God saved the
Israelites from Egypt.*

Exodus 2—14

49

Josué conquista la tierra

Los israelitas ya no eran esclavos en Egipto. Ahora necesitaban un lugar que fuera de ellos.

Dios les había prometido darles una tierra. Pero la ciudad fuerte de Jericó estaba en medio del camino. Cuando llegaron a la ciudad, Dios le dijo a Josué, el líder, que la destruyera.

¿Pero cómo?

Joshua Takes the Land

The Israelites were no longer slaves in Egypt. Now they needed a place to call their own. God had promised them a land. But the strong city of Jericho was in the way. When they came to the city, God told the leader Joshua to destroy it. But how?

Dios les dijo a los israelitas que caminaran alrededor de la ciudad siete veces. Después de la última vuelta, la muralla se derrumbó. Los israelitas ganaron con la ayuda de Dios.

Ahora ellos tenían una tierra que les pertenecía.

Josué 5:13—6:27

God told the Israelites to walk around the city seven times. On the last time around, the wall fell down.
The Israelites won with God's help.
The Israelites now had a land of their own.

Joshua 5:13—6:27

Dios cuida de Rut

Rut y su suegra Noemí habían perdido a su familia.
Ellas eran pobres y no tenían dónde vivir.
Para conseguir comida, Rut encontró un campo
donde podía recoger algunas espigas de cereal.
El campo le pertenecía a un hombre llamado Booz.
Booz y Rut se hicieron amigos.

God Cares for Ruth

Ruth and her mother-in-law Naomi had lost their family. They were poor and had no home. To get food, Ruth found a field where she could pick some grain.
The field belonged to a man named Boaz. Boaz and Ruth became friends.

A Booz le gustaba Rut. A Rut también
le agradaba Booz.
Rut le pidió a Booz que se casara con
ella. Él le dijo que sí.
Ahora Rut y Noemí tenían una familia y
un hogar otra vez.

Rut 1—4

Boaz liked Ruth.
Ruth also liked Boaz.
She asked him to marry her.
He said yes.
Ruth and Naomi now had a family and
a home again.

Ruth 1—4

David construye la nación de Dios

David era un muchachito que cuidaba las ovejas de su padre. Él tenía que protegerlas de los animales salvajes.

David Builds God's Nation

David was a boy who took care of his father's sheep. He had to protect them against wild animals.

Los hermanos de David formaban parte del ejército israelita. Ellos estaban en guerra.
Un día, David les llevó a sus hermanos algo de comida. Descubrió que todo el ejército le tenía miedo a un gigante llamado Goliat.

David's brothers were in the Israelite army. They were at war.
One day David brought his brothers some food. He found out that the whole army was afraid of a giant man named Goliath.

Goliat estaba en el ejército enemigo. Todos le tenían miedo, porque era muy grande y fuerte. Él se burlaba de los israelitas y les decía: «Envíen a un hombre que pelee contra mí. Si gana, nosotros seremos sus esclavos. Si yo gano, ustedes serán nuestros esclavos».

Goliath was in the enemy army. Everyone was scared of him because he was so big and strong. He made fun of the Israelites and said, "Send one man to fight me. If he wins, we will become your slaves. If I win, you will be our slaves."

David fue a ver al rey Saúl y le dijo: «Estoy listo para pelear contra este gigante».
Al principio, el rey dijo que no. Pero David no se dio por vencido. Por último, el rey le dijo: «Puedes ir. ¡Y que Dios te ayude!».

David went to King Saul and said,
"I'm ready to fight this giant."
At first the king said no. But David didn't give up.
In the end, the king said,
"Go. And God help you!"

David fue hasta donde estaba Goliat con tan
solo una honda y unas piedras.
Goliat se rio cuando lo vio. Le dijo que lo
haría pedazos.

*David walked towards Goliath with just his
slingshot and some stones.
Goliath laughed when he saw David. He said
he would tear David to pieces.*

David dijo: «Tú vienes contra mí con espada, lanza y jabalina, pero yo vengo contra ti en el nombre de Dios».

Entonces, David hirió a Goliat en la frente con una piedra que lanzó con su honda. Goliat cayó al suelo y murió.

David said, "You come at me with a sword and spear and battle-axe. I come at you in the name of God."

Then David hit Goliath in the forehead with a stone from his sling. Goliath fell down, dead.

Los israelitas se sentían muy felices.
La batalla estaba ganada.
El ejército enemigo salió corriendo.
David era un héroe.

The Israelites were so happy.
The battle was won.
The enemy army ran away.
David was a hero.

Más adelante, David se convirtió en rey.
David tenía fe en Dios. Él hacía todo lo que
Dios quería.
Con David como rey, los israelitas pronto
llegaron a ser una gran nación.

1 Samuel 16—17

Later David became the king.
David had faith in God. He did whatever God
wanted him to do.
With David as king, the Israelites soon
became a great nation.

1 Samuel 16—17

73

Ester salva al pueblo de Dios

Ester no tenía padres. Ella vivía con su primo Mardoqueo en la tierra de Persia. Eran israelitas. El rey de Persia estaba buscando a una nueva esposa. Él mandó a llamar a todas las chicas bonitas del reino para que fueran a su palacio. Ester era muy hermosa, así que tuvo que ir.

Al final, el rey eligió a Ester para que fuera su esposa y la nueva reina.

Esther Saves God's People

Esther had no parents. She lived with
her cousin Mordecai in the land of
Persia. They were Israelites.
The king of Persia was looking for a new
wife. He sent for all the pretty girls in the
kingdom to come to his palace. Esther
was very beautiful, so she had to go.
In the end the king chose Esther to be
his wife and the
new queen.

El hombre en el que más confiaba el rey se llamaba Amán. El rey ordenó que todos tenían que inclinarse ante Amán cuando lo vieran pasar.
Pero Mardoqueo solo quería inclinarse delante de Dios, no de Amán.
Eso hizo que Amán se pusiera furioso con Mardoqueo y todos los israelitas.

The king's most trusted man was Haman. The king said that everyone had to bow down to Haman when they saw him. But Mordecai only wanted to bow down to God, not Haman. That made Haman angry at Mordecai and all the Israelites.

Amán le dijo al rey: «Hay personas en tu reino que no obedecen tus leyes. Deberías deshacerte de ellos». «Bueno», contestó el rey, «haz lo que mejor te parezca». Así que Amán escribió una nueva ley que decía que había que matar a todos los israelitas.

Cuando Mardoqueo se enteró de esto, se asustó muchísimo y le avisó a Ester.

Haman told the king, "Some people in your kingdom are not obeying your laws. You should get rid of them."

"Alright," the king said, "do what you think is best."
So Haman wrote a new law that all the Israelites should be killed.

When Mordecai heard about the law, he got very scared and told Esther.

Acercarse al rey siempre era peligroso. Si estaba de mal humor, podía mandar a matar a Ester. Ella lo sabía. Así que primero oró a Dios. Después, fue a ver al rey. El rey se puso contento al verla. Ester estaba a salvo. «Acércate, mi reina. ¿Qué puedo hacer por ti?», le preguntó el rey.

«Quiero invitarlos a ti y a Amán a cenar conmigo esta noche», respondió Ester.

Coming near the king was always risky. If he was in a bad mood, he might have her killed. Esther knew that. First she prayed to God. Then she went to see the king. The king was happy to see her. She was safe. "Come in, my queen. What can I do for you?" the king asked.

"I want to ask you and Haman to have dinner with me tonight," Esther said.

El rey aceptó la invitación a cenar.

Durante la cena, la reina Ester le dijo al rey que tenía miedo.
Había un hombre que quería matarlos a ella y a su pueblo.
El rey se enojó mucho. «¿Quién haría algo tan horrible?
¿Quién se atrevería a tocarte?».

«Es Amán», dijo Ester. Y señaló a Amán. «Él ordenó que
mataran a todos los israelitas. Y yo soy israelita».

El rey se enojó tanto que ordenó que mataran a Amán.

The king agreed to the dinner plans.
At the dinner, Queen Esther told the king that she was afraid. A
man was out to kill her and her people.
The king got angry. "Who would do such an evil thing? Who
would dare to touch you?"
"It's Haman," Esther said. She pointed at Haman. "He has
ordered that all Israelites should be killed. And I'm an Israelite."
The king was so angry that he had Haman killed.

El rey hizo una nueva ley para evitar que mataran a los israelitas.

Aquel día, todos los israelitas festejaron. Nunca olvidarían cómo Dios había usado a la valiente Ester para salvarlos.

Ester 1—10

The king made a new law that kept the Israelites from being killed.

That day, all the Israelites celebrated. They would never forget how God had used brave Esther to save them.

Esther 1—10

Daniel vive de acuerdo a la ley de Dios

El rey de Babilonia había ido a la guerra contra los israelitas. Él ganó y se llevó a muchos israelitas como esclavos.

A los más inteligentes los mandaron a trabajar en el palacio del rey. Daniel era uno de estos esclavos especiales.

Daniel Lives by God's Law

The king of Babylon had gone to war with the Israelites. He won and took many Israelites as slaves. The smartest were sent to work in the king's palace. Daniel was one of these special slaves.

Dios estaba con Daniel. El rey confiaba en él
cada día más.
Algunos de los otros hombres de Babilonia
vieron que el rey trataba a Daniel de una
manera especial. Ellos se pusieron celosos.
Estaban enojados con Daniel porque querían lo
que él tenía.
Así que buscaron la forma de deshacerse de él.

God was with Daniel. The king trusted him more
and more each day.
Some of the other men in Babylon saw how the
king gave Daniel special treatment. They were
jealous. They were angry at Daniel, because they
wanted what he had.
They wanted to get rid of him.

Estos hombres malos espiaron a Daniel.
Se enteraron de que Daniel oraba a Dios
varias veces al día.
Entonces le pidieron al rey que hiciera una
nueva ley que dijera que no se podía orar a
nadie más que al rey. Si una persona oraba a
alguien más, la arrojarían a los leones.
Al rey le pareció bien y firmó la nueva ley.

The evil men spied on Daniel.
They found out that he prayed to God
many times a day.
Then they asked the king to make a
new law that everyone should only
pray to the king. If a person was
praying to someone else, they
would be fed to lions.
The king agreed and signed
the new law.

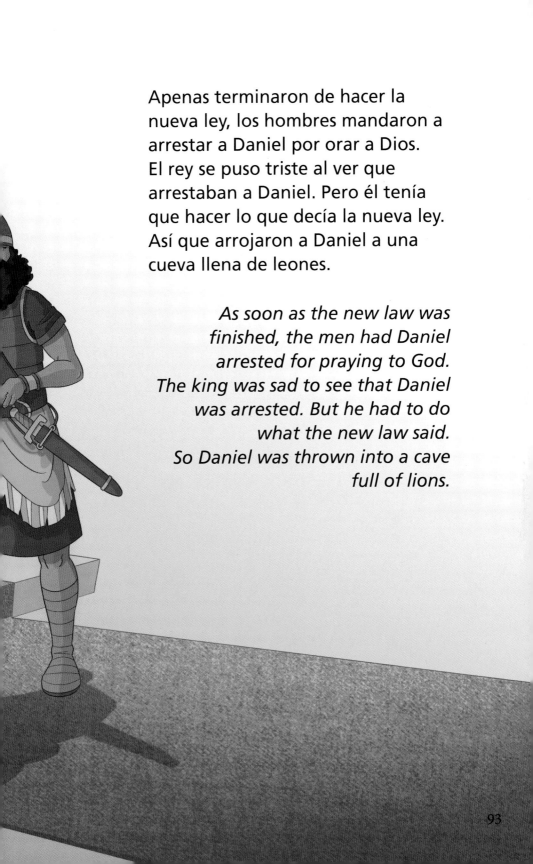

Apenas terminaron de hacer la
nueva ley, los hombres mandaron a
arrestar a Daniel por orar a Dios.
El rey se puso triste al ver que
arrestaban a Daniel. Pero él tenía
que hacer lo que decía la nueva ley.
Así que arrojaron a Daniel a una
cueva llena de leones.

*As soon as the new law was
finished, the men had Daniel
arrested for praying to God.
The king was sad to see that Daniel
was arrested. But he had to do
what the new law said.
So Daniel was thrown into a cave
full of lions.*

Daniel estuvo en el foso con los leones
toda la noche.
Pero los leones no lo lastimaron.
Dios envió a un ángel y cerró sus bocas.
El rey estuvo muy contento cuando vio que
Daniel seguía vivo.

Daniel was in the lions' den all night.
But the lions didn't hurt him.
God sent an angel to shut their mouths.
The king was very happy when he saw that
Daniel was still alive.

El rey hizo una nueva ley que decía que todos tenían que honrar al Dios de Daniel, el Dios que lo había salvado de los leones.

Daniel 1—6

The king made a new law that everyone had to honor Daniel's God, the God that had saved him from the lions.

Daniel 1—6

Jonás aprende a interesarse por todos

Jonás era un israelita que le daba mensajes al pueblo de parte de Dios. Un día, Dios le dijo: «Las personas de Nínive son malas. Ve y háblales de mí. Así se apartarán de sus malos caminos».
Pero Jonás odiaba a la gente de Nínive. No quería hablarles de Dios.

Jonah Learns to Care for All People

Jonah was an Israelite who told people God's messages. One day God told him, "The people of Nineveh are evil. Go tell them about me. Then they will turn away from their evil ways."
But Jonah hated the people in Nineveh. He did not want to tell them about God.

Así que Jonás se subió a un barco que iba lejos de Nínive.

Dios envió una gran tormenta que casi hunde el barco.

Los marineros tenían miedo de ahogarse.

Jonás les dijo: «La tormenta es mi culpa. Se detendrá si me arrojan al mar».

Los marineros arrojaron a Jonás por la borda hacia las olas.

So Jonah jumped on a ship headed far away from Nineveh.

God sent a huge storm that almost sank the ship.

The sailors were afraid they would drown.

Jonah told them, "The storm is my fault. Throw me into the sea and it will stop."

The sailors threw Jonah overboard into the waves.

Enseguida, el mar se calmó.
Jonás se hundió en el agua.
Dios mandó a un gran pez que se lo tragó entero.
Jonás se quedó solo dentro del gran pez.
Después de tres días, el pez lo escupió en tierra seca.

Right away, the sea calmed down.
Jonah sank down into the water.
God sent a big fish that swallowed him whole.
Jonah was alone inside the big fish.
After 3 days, the fish spit him out on dry land.

Dios le dijo a Jonás por segunda vez:
«Ve a Nínive y háblales a todos de mí».
Esta vez, Jonás hizo caso.
Jonás les dijo a todos en Nínive:
«Dios está enojado con ustedes. El fin está cerca».
Las personas le creyeron a Jonás.
Todos se pusieron a orar a Dios para que tuviera misericordia.

God told Jonah a second time,
"Go to Nineveh and tell them about me."
This time Jonah did it.
Jonah told everyone in Nineveh,
"God is angry with you. You
are doomed."
The people believed Jonah.
They all prayed to God
for mercy.

Ellos le pidieron a Dios que los perdonara.
Prometieron dejar de pecar.
Dios oyó las oraciones del pueblo.
Él decidió mostrarles su amor a los
habitantes de Nínive. No destruyó la ciudad
como había planeado.

They asked God to forgive them.
They promised to stop sinning.
God heard the prayers of the people.
God decided to show the people of
Nineveh His love. He did not destroy the
city as He had planned.

Todos estaban felices. Todos, menos Jonás.
Él pensaba que Dios debía matar a la gente de
Nínive por todo el mal que habían hecho.
Pero Dios le mostró a Jonás que Él se interesa por
todas las personas, las buenas y las malas.

Jonás 1—4

Everyone was happy. But not Jonah.
He thought that God should kill the people of
Nineveh for all the evil they did.
But God showed Jonah that He cares about all
people, both good and bad.

Jonah 1—4

Dios guarda silencio

Pasaron más de 400 años. Palestina, la tierra de los israelitas, fue invadida por muchos otros países. A los israelitas los gobernaron los griegos y los romanos. Los israelitas ya no escuchaban a Dios como antes.

God is Silent

More than 400 years went by. Palestine, the land of the Israelites, was invaded by many other countries. The Israelites were ruled by both the Greeks and the Romans.
The Israelites did not hear from God like they had before.

Muchos profetas y líderes judíos habían pasado por allí.
El último profeta del Antiguo Testamento fue Malaquías. Su nombre significa «mi mensajero». Él miró hacia adelante, a lo que vendría en el futuro.
¿Qué planeaba hacer Dios?

Many Jewish prophets and leaders had come and gone.
The last prophet in The Old Testament was Malachi. His name means "my messenger."
He looked ahead to what was to come in the future.
What did God intend to do?

113

La esperanza de un nuevo reino

Por fin, llegó el tiempo en que Dios les mostró a todos su plan para salvar a la gente del pecado y la muerte.

Jesús, el Hijo de Dios, nació en un pequeño establo en la ciudad de Belén.

Unos pastores de ovejas fueron a ese establo. Ellos habían escuchado a los ángeles que les cantaban acerca del Salvador del mundo.

Hope for a New Kingdom

At last, it was time for God to show everyone His plan to save people from sin and death.

God's Son, Jesus, was born in a small stable in the town of Bethlehem.

Shepherds came to the stable. They had heard angels singing to them about the Savior of the world.

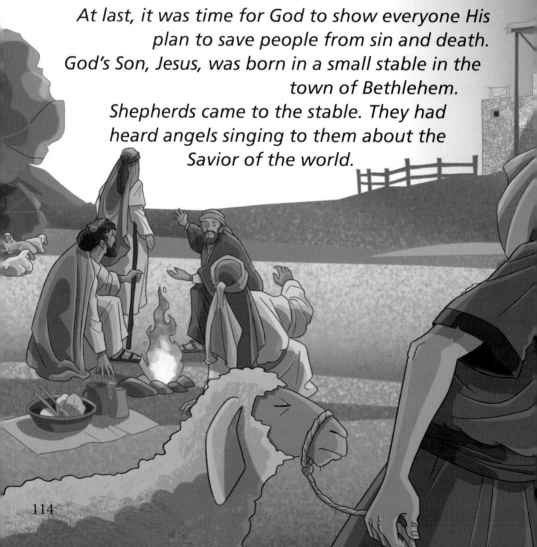

Tres hombres sabios también fueron a visitarlo. Una estrella brillante los había guiado hasta Jesús.
Jesús les hablaría a todos sobre la nueva ley de Dios y su nuevo reino: el reino de los cielos.

Mateo 2:1-12 / Lucas 2:1-20

Three wise men came to visit, too. A bright star had guided them to Jesus. Jesus would tell people about God's new law and His new kingdom, the kingdom of heaven.

Matthew 2:1-12 / Luke 2:1-20

Jesús muestra el nuevo reino

Cuando Jesús tenía unos 30 años empezó a hablarles a todos sobre Dios. También sanaba a los enfermos por dondequiera que iba.

Un hombre se enteró de las cosas increíbles que Jesús estaba haciendo. Él salió corriendo a buscar a su amigo, que no podía caminar.

Jesus Shows the New Kingdom

When Jesus was about 30 years old, He started telling people about God. He also healed the sick wherever he went.

One man heard about some amazing things Jesus was doing. He ran to get his friend who couldn't walk.

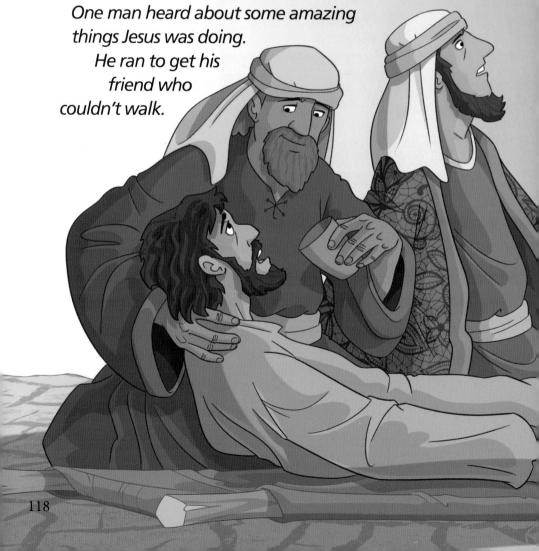

Los amigos del hombre lisiado lo llevaron hasta la casa donde estaba Jesús. Pero había demasiada gente adentro. Ellos no podían entrar a la casa. Así que decidieron tratar de meterse por el techo.

The lame man's friends carried him to the house where Jesus was. But there were too many people there. They could not get into the house. So they decided to try getting in from the roof.

Los amigos hicieron un agujero
en el techo. Después, bajaron al
hombre que no podía caminar hasta
ponerlo justo enfrente de Jesús.

*The friends made a hole in the roof.
They lowered the lame man down
right in front of Jesus.*

Cuando Jesús vio al hombre, dijo: «Hijo, tus pecados son perdonados. Levántate, toma tu camilla y vete a tu casa».

When Jesus saw the man, He said, "Son, your sins are forgiven. Get up, take your mat, and walk."

El hombre se levantó, agarró su
camilla, y salió caminando de la
casa. Jesús lo había sanado.
Jesús les mostró a todos que tenía
poder sobre la enfermedad. Él
era más grande de lo que podían
entender.

Mateo 9:2-8 / Marcos 2 / Lucas 5:17-26

The man got up, took his mat, and walked out of the
house. Jesus had healed him.
Jesus showed all the people that He had power over
disease. He was greater than they could understand.

Matthew 9:2-8 / Mark 2 / Luke 5:17-26

127

El amor de Dios por una niña enferma

Un día, Jesús se encontró con un hombre que le dijo: «Mi hijita está muy enferma. Por favor, ven a mi casa y sánala».
«Está bien, iré», contestó Jesús.

God's Love for a Sick Girl

One day Jesus met a man who said, "My little girl is very sick. Please come to my house and heal her."
"Yes, I will come," said Jesus.

Llegar a la casa llevaba mucho tiempo.
Mientras caminaban, muchas otras personas
querían que Jesús las sanara también.

*It took a long time to get to the house. As
they walked, many other people wanted
Jesus to heal them, too.*

131

Entonces algo malo sucedió.
Un hombre les dijo que la niña había muerto.
El padre se puso muy triste y lloró.
Pero Jesús le dijo: «No te preocupes. Ten fe en mí».

Then something bad happened.
A man told them that the girl had died. The father
was crushed and cried.
But Jesus said, "Do not worry. Have faith in me."

En la casa, todos estaban tristes y lloraban, porque la niña había muerto.
Jesús entró a la habitación de la niña.

*At the house everyone was sad and crying because the girl was dead.
Jesus went into the girl's room.*

Jesús tomó su mano y dijo: «Niña, ¡levántate!».

Jesus took her hand and said, "Little girl, get up!"

La niña abrió los ojos y se levantó. ¡Ella estaba viva! Todos se quedaron maravillados y felices. ¡Jesús la había sanado!

Mateo 9:18 / Marcos 5:21-43 / Lucas 8:41

The girl opened her eyes and got up. She was alive! Everyone was amazed and happy. Jesus had healed her!

Matthew 9:18 / Mark 5:21-43 / Luke 8:41

Dios es nuestro proveedor

Un día, más de 5.000 personas se reunieron para escuchar cómo enseñaba Jesús.

Cuando llegó la hora de la cena, Jesús no mandó a todos a comer a sus casas.

Un niño le dio algunos panes y unos peces.

Entonces, Jesús dio gracias a Dios por la comida.

God is Our Provider

One day more than 5,000 people were with Jesus to hear Him teach.

When it was dinner time, Jesus did not send people home to eat.

He got a few loaves of bread and some fish from a boy. Then He thanked God for the food.

140

Jesús le dio de comer a la gente.
Él siguió dando y dando, hasta
que todos tuvieron más que
suficiente.
Jesús sabía que Dios proveería
cuando se lo pidiera.

Marcos 6:32-44 / Juan 6:1-14

Jesus gave the food to the
people. He kept giving and
giving until everyone had more
than enough.
Jesus knew that God would
provide when He asked.

Mark 6:32-44 / John 6:1-14

Cuida de los demás como Dios lo hace

Una vez, Jesús habló de un hombre que había sido muy golpeado y necesitaba ayuda.

Varias personas vieron al hombre, pero no lo ayudaron. Después, un hombre se detuvo y lo ayudó.

Care for Others Like God Does

*Jesus once told about a man who had been
badly beaten and needed help.
Some people saw the man but did not help.
Then a man stopped and helped.*

Él llevó al hombre herido hasta un lugar donde podía sanarse. El buen hombre pagó la comida y las medicinas para el hombre que había sido golpeado.
El que lo ayudó le mostró amor y lo cuidó. Jesús dijo que tenemos que hacer lo mismo y ayudar a todos con los que nos encontremos.

Lucas 10:25-37

He took the wounded man to a place where he could heal. The nice man paid for food and medicine for the man who was beaten. The man who helped showed love and care. Jesus said that we should do the same and help people we meet.

Luke 10:25-37

El hijo imprudente

Jesús contó una historia sobre un hombre que tenía dos hijos. Uno de los hijos quería una vida divertida. Deseaba hacer lo que le diera la gana en todo momento.
Un día, se fue de la casa con la mitad del dinero de su padre.

The Unwise Son

Jesus told a story about a man who had two sons. One son wanted a fun life. He wanted to only do what he felt like all the time. One day he left home with half of his father's money.

El hijo no fue cuidadoso con el dinero. Lo gastó muy rápido en fiestas.
Un día, el dinero se le acabó.
Él no tenía nada para comer.

The son was careless with his money. He spent it all really fast on parties.
Then one day he had no more money.
He had nothing to eat.

Entonces consiguió un trabajo cuidando cerdos.
Empezó a pensar en su padre. Sentía mucha
vergüenza. Pero tal vez podría volver a su casa y
trabajar como sirviente.
Eso sería mejor que trabajar en el chiquero.
El hijo se fue.

He got a job as a pig keeper.
He started to think about his father. He was so
ashamed. But maybe he could go back home and
get a job as a servant.
That would be better than working in the pigsty.
The son left.

Cuando llegó a su casa, su padre corrió a recibirlo.
«Perdón, papá», dijo el muchacho.
«Pensé que estabas muerto», contestó el padre.
«Pero estás vivo. ¡Qué alegría!».

When he came home, his father ran to meet him.
"I'm so sorry, dad," he said.
"I thought you were dead," his father
said. "But you are alive. I am so happy!"

El padre preparó una gran fiesta para celebrar el regreso de su hijo.

En ese momento, el otro hijo se enojó. Le dijo a su padre: «¿Por qué das una gran fiesta en su honor? ¡Malgastó todo tu dinero! ¿Y yo qué?».

The father held a big party to celebrate his son's return.
Now the other son got angry. He said to his father, "Why are you throwing a big party for him? He wasted all your money! What about me?"

Su padre le dijo: «Te amo igual que a él. Si estuvieras perdido y luego te encontrara, haría lo mismo por ti. Así que muéstrale misericordia a tu hermano como lo hice yo».

Lucas 15

His father told him, "I love you just the same. If you were lost and then found, I would do the same for you. So, show your brother mercy like I do."

Luke 15

Siempre hay que perdonar

Jesús contó una historia sobre un hombre que le debía tanto dinero al rey que no podría terminar de pagarle nunca. Antes de que lo mandaran a la cárcel, el hombre rogó que lo perdonaran. El rey sintió lástima por el hombre y le perdonó la deuda. ¡Toda la deuda!

Forgive Every Time

Jesus told a story about a man who owed the king so much money he could never pay it back. Before he was put in jail, the man begged for mercy. The king felt sorry for the man and canceled his debt. All of it!

161

El hombre pronto se olvidó de lo que el rey había hecho por él. Otro siervo le debía poco dinero y no podía pagárselo. Así que el hombre mandó al siervo a la cárcel hasta que pudiera pagarle lo que le debía. Cuando el rey se enteró de esto, se enojó mucho. Él envió al hombre desagradecido a la cárcel.

Jesús dice que Dios nos ha perdonado por todas las cosas malas que hacemos. Debido a eso, nosotros también tenemos que perdonar a los demás.

Mateo 18:21-35

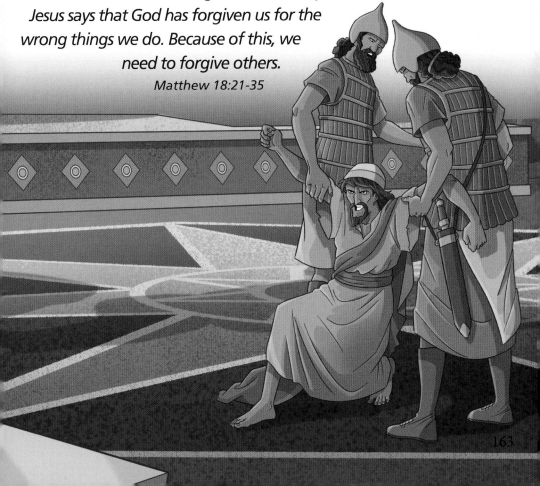

The man soon forgot what the king did for him. Another servant could not pay the man back a small amount of money. So the man had the servant thrown in jail until he could pay what he owed. When the king heard about this, he got angry. He threw the ungrateful man in jail.

Jesus says that God has forgiven us for the wrong things we do. Because of this, we need to forgive others.

Matthew 18:21-35

163

El llamado a ser como niños

Un día, los amigos de Jesús les pidieron a unos niños que se fueran y no molestaran a Jesús. Pero Jesús les dijo que permitieran que los niños se le acercaran. Él los sostuvo en sus brazos. Los bendijo. «Los niños son importantes», dijo Jesús.

Mateo 19:13-15 / Lucas 18:15-17

The Call to be Like Children

One day Jesus' friends told some kids to go away and not disturb Jesus. But Jesus said to let the children come to Him. He held them. He blessed them. "Kids are important," Jesus said.

Matthew 19:13-15 / Luke 18:15-17

Dios ama incluso al más malo

Zaqueo era un hombre al que nadie quería. Su trabajo era cobrar impuestos para el ejército romano. Él usaba su trabajo para engañar a las personas y hacer que pagaran más de lo que debían.

God Loves Even the Worst

Zacchaeus was a man no one liked. His job was to collect taxes for the Roman army. He used his job to cheat people into paying more than they should.

Un día, Zaqueo escuchó que Jesús estaba en la ciudad. Como era un hombre bajito, se subió a un árbol para poder ver. Desde arriba del árbol, vio a Jesús.

One day Zacchaeus heard that Jesus was in town. He was a short man, so he got up in a tree to see. He saw Jesus from up in the tree.

Jesús vio a Zaqueo subido al árbol y le
preguntó: «¿Puedo ir a tu casa a comer
contigo hoy?».
Zaqueo se sorprendió. Él le dijo que sí.

*Jesus saw Zacchaeus up in the tree and
asked him, "Can I come to your house
today and eat with you?"
Zacchaeus was surprised. He said yes.*

Jesús fue a su casa y pasó un tiempo con él.
Eso hizo que Zaqueo se sintiera muy feliz.
Él quiso transformarse en un hombre mejor.

*Jesus came to his house and spent time
with him. That made Zacchaeus very happy.
He wanted to become a better man.*

Después de la visita de Jesús, Zaqueo les devolvió a todos el dinero que les había cobrado de más. También les dio a los pobres la mitad de lo que tenía.

Lucas 19:1-10

After the visit from Jesus, Zacchaeus gave everyone he had cheated their money back. He also gave half of his money to the poor.

Luke 19:1-10

Algunos no quieren a Jesús

Más y más personas escuchaban a Jesús y lo seguían a dondequiera que fuera.
Los líderes israelitas estaban enojados, porque la gente seguía a Jesús en vez de a ellos. Querían deshacerse de Jesús. Así que idearon un plan para que lo mataran.

Juan 12:17-19

Some Don't Like Jesus

More and more people listened to Jesus and followed Him wherever He went.
The Israelite leaders were angry because people followed Jesus instead of them. They wanted to get rid of Jesus. They made a plan to have Him killed.

John 12:17-19

El nuevo reino triunfa

Los líderes hicieron que mataran a Jesús en una cruz.
Ese fue un día muy triste para todos los que amaban
a Jesús.

Pero el plan de Dios siempre fue que su Hijo
muriera. Jesús aceptó el castigo por todas las cosas
malas que nosotros hacemos.

Nunca podríamos pagar por todas las cosas malas
que hemos hecho. Dios pagó el precio por nosotros.
Jesús dio su propia vida para salvarnos.

The New Kingdom is Won

*The leaders had Jesus killed on a cross.
That was a sad day for all who loved Jesus.
But it was God's plan all along for His Son to
die. Jesus took the punishment for all the wrong
things we do.
We could never pay for the bad things we've
done. God paid that price for us. Jesus gave up
His own life to save us.*

Tres días después de que Jesús murió, María, una de sus amigas, fue a su tumba. Allí vio a un ángel que le dijo: «Jesús no está aquí. Ha resucitado».
Jesús había vencido a la muerte y estaba vivo otra vez. ¡Vaya!
María se dio la vuelta…

Three days after Jesus died, one of Jesus' friends, Mary, went to His grave. There she saw an angel who said to her, "Jesus is not here. He is risen."
Jesus had beaten death and was alive again. Wow!
Mary turned around...

Y ahí estaba Jesús.

«¡Maestro!», gritó ella con alegría.

«Diles a los demás que estoy vivo», le dijo Jesús.

Jesús visitó a todos sus amigos y les pidió que le contaran al mundo sobre Él.

Ellos ahora entendían que el reino de Dios no era un lugar ni una tierra, sino la fe en Jesús. Jesús es el Rey y donde Él está, también está el reino de Dios.

Mateo 27—28

There stood Jesus.

"Teacher!" she shouted with joy.

"Tell the others that I am alive," Jesus said.

Jesus visited all His friends and told them to tell the world about Him.

They now understood that the kingdom of God was not a place or a land, but faith in Jesus. Jesus is the King and where He is, there is the Kingdom of God.

Matthew 27—28

El nuevo reino crece

Luego Jesús dijo que era hora de volver a casa. Jesús se elevó hacia el cielo.

Los amigos de Jesús se reunían cada día para orar juntos. Compartían todo lo que tenían, así que a nadie le faltaba nada.

The New Kingdom Grows

Then Jesus said it was time for Him to go home. Jesus rose up into the sky. Jesus' friends met every day to pray together. They shared what they had, so they all had what they needed.

185

Ellos les hablaban de Jesús a todos los que se encontraban.
Cada vez más y más personas creían en Jesús.
De esta manera el reino de Dios fue creciendo, porque
donde Jesús estaba en el corazón de las personas, ahí
estaba el reino de Dios.
Ellos fueron la primera iglesia y los primeros cristianos.

Hechos 4:32-37; 11:22-26; 13:1-3

*They told everyone they met about Jesus. More and more
people came to believe in Jesus.
In this way the kingdom of God grew, for where Jesus was
in the hearts of the people, there was the kingdom of God.
They were the first church and the first Christians.*

Acts 4:32-37; 11:22-26; 13:1-3

La luz cambia a Pablo

Los líderes israelitas todavía no creían
que Jesús era el Hijo de Dios. Ellos
querían deshacerse de los cristianos.
Un hombre llamado Saulo viajaba
por todas partes para encontrar a los
cristianos y encerrarlos en la cárcel.

The Light Changes Paul

*The Israelite leaders still did not believe
that Jesus was God's Son. They wanted to
get rid of the Christians.
One man named Saul traveled near and
far to find Christians and put them in jail.*

188

Un día, una luz brillante dejó ciego a Saulo. Una voz le dijo: «Saulo, ¿por qué me atacas?». Era Jesús que le estaba hablando. Jesús quería que Saulo fuera su amigo.

Enseguida Saulo creyó en Jesús. Cambió su nombre a Pablo. Dejó de perseguir a los cristianos. Ahora, empezó a hablarles a otros sobre Jesús.

Hechos 9:1-22

One day a bright light blinded Saul. A voice said, "Saul, why are you attacking me?" It was Jesus speaking to Saul. Jesus wanted Saul to be His friend.

Right away Saul believed in Jesus. He changed his name to Paul. He stopped hunting Christians. He now told others about Jesus.

Acts 9:1-22

El nuevo reino es para todos

Pablo y sus amigos incluso viajaron a otros países para hablarles a las personas sobre Jesús.
Algunos empezaron a seguir a Jesús.
Otros no querían saber nada de los cristianos. Ellos mandaron a Pablo a la cárcel muchas veces.

The New Kingdom is for All People

Paul and his friends even traveled to other countries to tell people about Jesus.
Some became followers of Jesus.
Others did not like the Christians. They put Paul in jail many times.

Pero Pablo seguía hablándole a la gente sobre Jesús por todas partes. Incluso en la cárcel.
Una vez, hasta un guardia de la prisión creyó en Jesús y empezó a seguirlo.

Hechos 16:16-34

But Paul continued to tell people about Jesus everywhere. Even in jail.
One time even the prison guard came to believe in Jesus and followed Him.

Acts 16:16-34

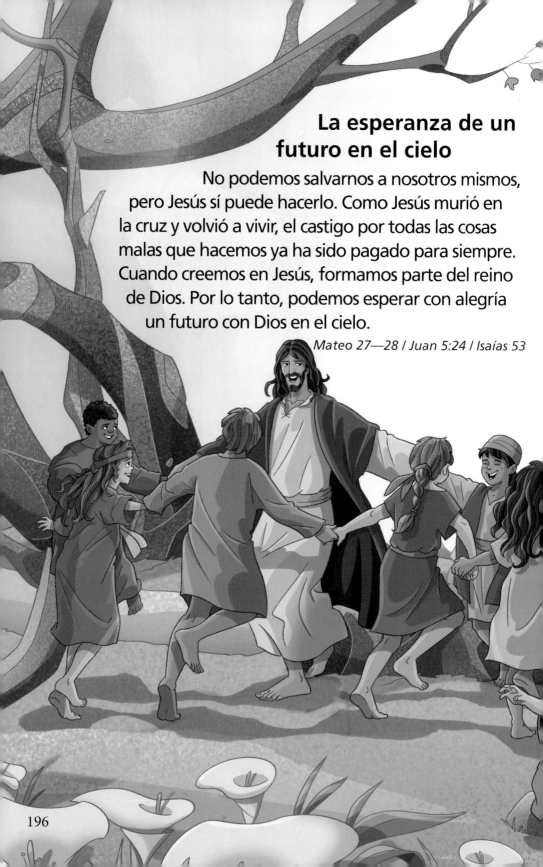

La esperanza de un futuro en el cielo

No podemos salvarnos a nosotros mismos,
pero Jesús sí puede hacerlo. Como Jesús murió en
la cruz y volvió a vivir, el castigo por todas las cosas
malas que hacemos ya ha sido pagado para siempre.
Cuando creemos en Jesús, formamos parte del reino
de Dios. Por lo tanto, podemos esperar con alegría
un futuro con Dios en el cielo.

Mateo 27—28 / Juan 5:24 / Isaías 53

Hope for a Future in Heaven

We can not save ourselves, but Jesus can. Because Jesus died on the cross and rose again, the punishment for the bad things we do has been paid now and forever.

When we believe in Jesus, we become part of the kingdom of God. We can therefore look forward to a future with God in heaven.

Matthew 27—28 / John 5:24 / Isaiah 53